읽으면서
바로 써먹는

어린이
관용구

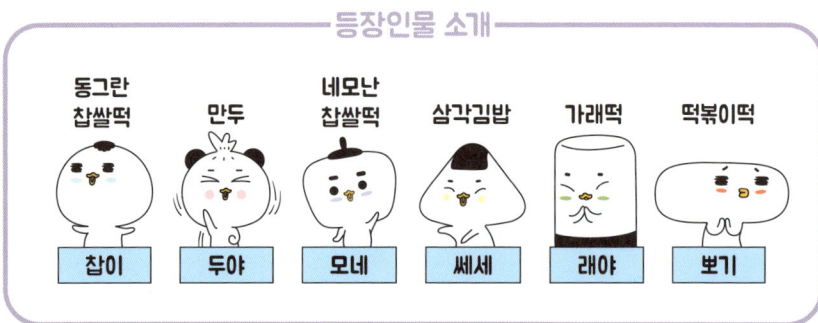

읽으면서 바로 써먹는
어린이 관용구

글·그림 한날

파란정원

작가의 말

　요즘 새로 생긴 습관 중 하나가 서점에 가면 으레 아동 코너에 먼저 들르는 것입니다. 새로 나온 책은 어떤 것들이 있는지, 요즘 친구들은 어떤 책을 좋아하는지 친구들이 읽고 있는 책에 눈길이 갑니다. 그러다 우연히 재미있고 흥미로운 어린이 책을 발견한 날에는 그 즐거움이 배가 됩니다.

　여느 때처럼 그날도 서점에 들러 아동 코너를 둘러보고 있었는데, 한 친구가 속담 책에 빠져 재미있게 읽고 있었습니다. 호기심이 생겨 그 주변을 둘러보니 수많은 속담과 사자성어 책들이 보였습니다. 그런데 속담보다 일상에서 더 많이 사용하고 있는 관용구와 관련된 책들이 생각보다 적어 아쉬웠습니다.

　아마 친구들에게 관용구라고 하면 어렵다고 느껴질 것입니다. 하지만 사람과 사람 사이에 오고 가는 대화를 잘 들어보면 눈에 잘 띄지 않지만, 생동감을 만들어 주는 마법 같은 장치로 이 관용구가 사용될 때가 많습니다. 그런데 실상 우리는 관용구의 소중함을 잊고 있는 게 아닐까 생각이 들었습니다. 저 또한 어떤 말들이 관용구인지, 그 뜻의 정확한 의미가 무엇인지 알지 못했습니다. 이것이 속담에 이어 〈읽으면서 바로 써먹는 어린이 시리즈〉 두 번째 이야기로 관용구를 선택한 이유이기도 합니다.

이번 원고를 쓰며 친구들이 일상에서 관용구의 뜻을 제대로 알고 쓸 수 있다면 그 말과 글, 대화들이 얼마나 아름답고 생동감이 넘칠지 상상만으로도 즐거웠습니다. 책 작업을 시작하기 전 다양한 관용구들을 찾고, 정확한 의미를 조사해 보았습니다. 무심코 썼던 다양한 말들이 바로 관용구였다는 것도 알게 되었습니다. 그렇게 제대로 알게 된 관용구들을 이제 친구들에게 좀 더 쉽고 재미있게 알려 주고 싶습니다.

　《읽으면서 바로 써먹는 어린이 속담》에 이어 귀엽고 말랑말랑한 찹이 패밀리 캐릭터들이 두 번째 이야기에도 다시 등장합니다. 그런데 뭔가 더 귀여워진 것 같지 않나요? 새롭게 변신한 여섯 명의 캐릭터들이 펼치는 신나고 재미있는 이야기를 읽으며, 관용구를 정확하게 배우고 생활 속에서 바로 써먹어 보세요.

한날

차례

ㄱ
- 01 가닥을 잡다 12
- 02 가슴에 멍이 들다 14
- 03 가슴을 열다 16
- 04 가슴이 넓다 18
- 05 가슴이 뜨끔하다 20
- 06 가시가 돋다 22
- 07 각광을 받다 24
- 08 간담이 서늘하다 26
- 09 간이 콩알만 해지다 28
- 10 간이 크다 30
- 11 걱정이 태산이다 32
- 12 국물도 없다 34
- 13 국수를 먹다 36
- 14 귀가 번쩍 뜨이다 38
- 15 귀빠진 날이다 40
- 16 귀에 못이 박히다 42
- 17 기가 차다 44
- 18 기를 쓰다 46
- 19 깨가 쏟아지다 48
- 20 꽁무니를 빼다 50

ㄴ, ㄷ
- 21 날개가 돋치다 54
- 22 누구 코에 붙이겠는가 56
- 23 눈 딱 감다 58
- 24 눈도 깜짝 안 하다 60
- 25 눈독을 들이다 62
- 26 눈살을 찌푸리다 64
- 27 눈에 밟히다 66
- 28 눈에 불을 켜다 68
- 29 눈에 차다 70
- 30 눈에 흙이 들어가다 72
- 31 눈이 트이다 74
- 32 눈총을 맞다 76
- 33 눈코 뜰 사이 없다 78
- 34 능청을 떨다 80
- 35 다리를 뻗고 자다 82
- 36 담을 지다 84
- 37 도마 위에 오르다 86
- 38 뒤통수를 맞다 88
- 39 뜨거운 맛을 보다 90
- 40 뜸을 들이다 92

ㅁ, ㅂ
- 41 맥이 풀리다 96
- 42 머리에 서리가 앉다 98
- 43 머리털이 곤두서다 100
- 44 몸을 던지다 102
- 45 무릎을 치다 104
- 46 물 만난 고기 106
- 47 물불을 가리지 않다 108
- 48 미역국을 먹다 110
- 49 밑도 끝도 없다 112
- 50 발목을 잡다 114
- 51 발바닥에 불이 나다 116
- 52 발 벗고 나서다 118
- 53 발을 끊다 120
- 54 배가 등에 붙다 122
- 55 배를 불리다 124
- 56 벼락이 내리다 126
- 57 본전도 못 찾다 128
- 58 불을 보듯 훤하다 130
- 59 비행기 태우다 132
- 60 빛을 발하다 134

61 성에 차다 138	68 손을 씻다 152	75 열을 올리다 166	ㅅ
62 세상을 떠나다 140	69 손이 맵다 154	76 오금이 저리다 168	ㅇ
63 속이 타다 142	70 숨 돌릴 사이도 없다 156	77 입만 살다 170	
64 손사래를 치다 144	71 애가 마르다 158	78 입만 아프다 172	
65 손에 익다 146	72 어깨가 무겁다 160	79 입에 달고 다니다 174	
66 손을 떼다 148	73 어깨를 겨루다 162	80 입이 딱 벌어지다 176	
67 손을 벌리다 150	74 얼굴이 두껍다 164		

81 자취를 감추다 180	88 침이 마르다 194	95 파리를 날리다 208	ㅈ ㅊ ㅋ ㅍ ㅎ
82 정신이 빠지다 182	89 코가 납작해지다 196	96 풀이 죽다 210	
83 종종걸음을 놓다 184	90 코웃음을 치다 198	97 하늘이 노랗다 212	
84 줄행랑을 놓다 186	91 콧대가 높다 200	98 한술 더 뜨다 214	
85 찬물을 끼얹다 188	92 콧등이 시큰하다 202	99 한 치 앞을 못 보다 216	
86 척하면 삼천리 190	93 트집을 잡다 204	100 혀를 내두르다 218	
87 첫걸음마를 떼다 192	94 파김치가 되다 206		

01 가닥을 잡다
02 가슴에 멍이 들다
03 가슴을 열다
04 가슴이 넓다
05 가슴이 뜨끔하다
06 가시가 돋다
07 각광을 받다
08 간담이 서늘하다
09 간이 콩알만 해지다
10 간이 크다
11 걱정이 태산이다
12 국물도 없다
13 국수를 먹다
14 귀가 번쩍 뜨이다
15 귀빠진 날이다
16 귀에 못이 박히다
17 기가 차다
18 기를 쓰다
19 깨가 쏟아지다
20 꽁무니를 빼다

가닥을 잡다

어떠한 일이 닥쳤을 때 막연하게 있기 보다는 그 일을 해결하고 풀어 나갈 좋은 방법을 생각하잖아요. 이처럼 어떤 일이나 분위기, 상황, 생각 등을 이치나 논리에 맞게 바로잡는다는 뜻이에요.

가슴에 멍이 들다

여기서 '가슴'은 마음, 생각을 의미하고, '멍'은 심하게 다쳐 퍼렇게 맺힌 피를 의미해요. 마음이 얼마나 다쳤으면 시퍼렇게 멍이 들었을까요? 이 관용구는 마음속에 고통과 슬픔이 크게 맺혀 있다는 뜻이에요.

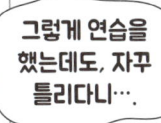

03 가슴을 열다

닫혀 있는 마음을 열어 속마음을 털어놓거나 다른 사람의 마음이나 생각을 받아들이는 것을 의미해요. 가슴(마음)을 열지 않으면 진실한 친구를 사귈 수 없어요. 가슴을 열어 다른 사람의 마음을 받아들이는 큰 사람이 돼요.

가슴이 넓다

마음이 넓으면 많은 것을 담을 수 있어요. 그래서 나와 다른 생각도 이해할 수 있고, 다른 사람을 보며 '그럴 수도 있겠다' 하고 공감할 수도 있지요. 가슴이 넓다는 것은 그만큼 이해심이 많다는 뜻이에요.

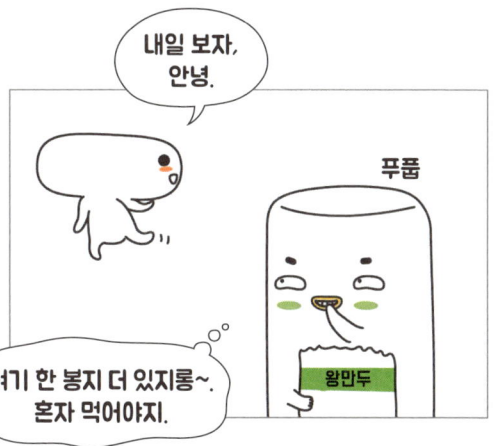

가슴이 뜨끔하다

'뜨끔하다'는 자극을 받아 마음이 뜨겁다는 의미로, 어떤 일로 인해 깜짝 놀라거나 양심의 가책을 받는 상황에 쓰이는 말이에요. 찔린다고 표현하기도 하죠. 마음에 찔려 가슴이 뜨끔하지 않도록 솔직한 사람이 되어야 해요.

가시가 돋다

'가시'는 바늘처럼 뾰족해서 어디든 잘 박혀요. 이런 가시가 돋는다는 것은 마음이나 말에 뾰족함을 세워 남을 공격하거나 불평이나 불만이 있다는 것을 비유한 표현이에요. 좀 더 강한 표현으로는 '가시가 돋치다'라고도 해요.

07

각광을 받다

원래 '각광'은 연극에서 인물에게 비추는 조명을 뜻했어요. 깜깜한 무대 위 인물에게 환한 빛을 비추면 이목이 집중되잖아요. 이런 '각광'이 지금은 사회적 관심이나 흥미로 의미가 바뀌어 많은 사람들로부터 주목을 받는 상황에 사용해요.

간담이 서늘하다

'간담'은 간과 쓸개를 아우르는 말이에요. 우리 몸 중 감정 변화에 가장 예민한 곳이 바로 간과 쓸개로 무섭거나 두려운 감정이 생기면 간담은 서늘한 기운을 느끼게 돼요. 이처럼 어떤 일로 소름이 끼치도록 무서움을 느낄 때 사용해요.

간이 콩알만 해지다

예로부터 간은 사람의 마음과 정신을 관장하는 기관이에요. 우리가 무섭거나 겁이 나면 자연스레 몸이 움츠러들잖아요. 사람 손바닥만 한 간이 콩알만큼 작아질 정도로 몹시 무섭고 두려운 상황에 처해 기를 펴지 못할 때 사용해요.

간이 크다

마음 상태를 반영하는 간에 열이 올라 뜨거워지면 크기가 커져 웬만한 일에는 겁이 나지 않고, 두렵지도 않아요. 그래서 겁이 없고 매우 대담할 때 간이 크다고 표현해요. 이 말은 곧 추진력과 결단력이 있다는 말이기도 해요.

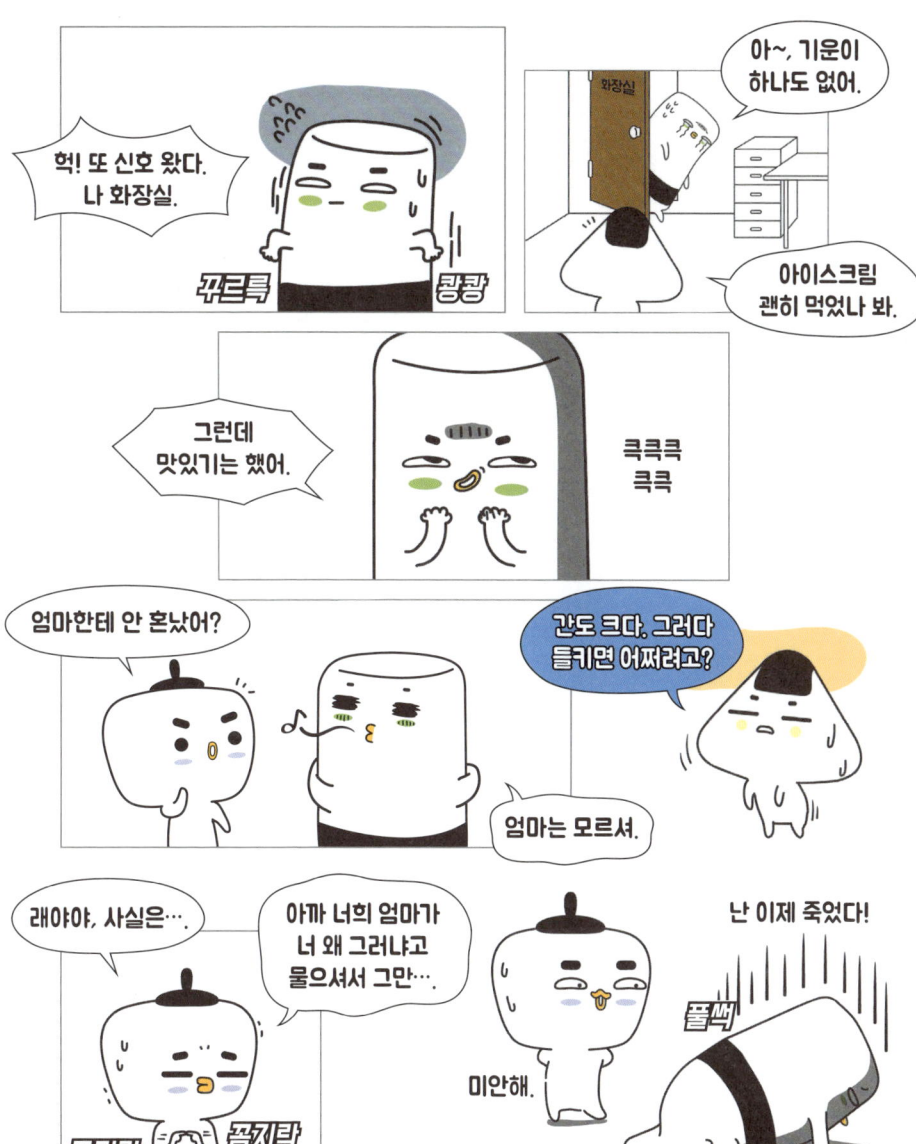

걱정이 태산이다

'걱정'은 안심이 되지 않고 속을 태운다는 의미이고, '태산'은 크고 많음을 비유하는 말이에요. 걱정이 태산이라는 말은 속을 태우는 일이 산처럼 많다는 뜻으로, 해결해야 하는 일이 너무 많거나 복잡해서 걱정이 크다는 뜻이에요.

국물도 없다

'국물'은 음식이 아니라 어떤 일의 대가로 생기는 이득이나 부수입이라는 뜻이에요. 국을 먹는데 건더기는커녕 국물도 안 주는 것은 사소한 것이라도 이득이 되지 않는 것으로, 돌아오는 몫이나 이득이 아무것도 없다는 뜻이에요.

국수를 먹다

밀가루가 귀한 옛날에는 국수가 특별한 음식이었어요. 그래서 생일이나 결혼식 등 경사스러운 날에만 먹었어요. 결혼식 때 하객에게 국수를 대접했던 풍습이 지금까지 이어져 국수를 먹는 것이 결혼식을 올린다는 비유적인 표현이 되었어요.

귀가 번쩍 뜨이다

귀는 세상의 모든 소리를 듣게 해 줘요. 이런 귀가 번쩍 뜨인다는 것은 기대하지 않은 소식에 호기심이 강하게 생기는 상황이나 들리는 말에 선뜻 마음이 끌리는 상황으로, 마음이 끌려 귀가 뜨이는 것을 비유한 표현이에요.

귀빠진 날이다

엄마 배 속을 떠나 아기가 태어날 때 아기의 머리 부분이 나올 때가 가장 힘들어요. 그래서 귀가 빠진다는 것은 가장 힘든 고비를 잘 넘겨 아기가 태어났다는 의미로, 태어난 날인 생일을 의미해요.

귀에 못이 박히다

'못'은 살갗이 단단해져 손이나 발에 생기는 딱딱한 굳은살을 의미해요. 같은 말을 여러 번 들었거나 싫증날 정도로 계속 들을 때 쓰는 표현이에요.

비슷한 표현 귀에 딱지가 앉다, 귀에 싹이 나다

 기가 차다

활동하는 힘을 의미하는 '기'는 우리 몸의 원동력이에요. 이런 기가 막히면 우리는 움직일 수 없어요. 이 관용구는 기가 막힐 정도로 당황스럽고 황당할 때, 어떤 일에 너무 놀라 뭐라 할 수 없을 정도로 어이가 없을 때 사용해요.

기를 쓰다

활동 에너지인 '기'는 세상 모든 것이 움직이는 근원적인 힘을 뜻해요. 이처럼 사람을 움직이는 원동력인 기를 쓴다는 것은 있는 힘을 다한다는 뜻이에요. 내가 가진 힘을 다하면 못할 것이 없어요. 있는 힘을 다해 최선을 다하는 자세가 중요해요.

깨가 쏟아지다

'깨'는 가을에 추수할 때 살짝 털기만 해도 우수수 잘 떨어져요. 힘들이지 않고 깨를 털 수 있어 깨 터는 재미가 쏠쏠해요. 살짝 털기만 해도 떨어지는 깨처럼 아기자기하고 알콩달콩하게 재미있는 상황을 표현해요.

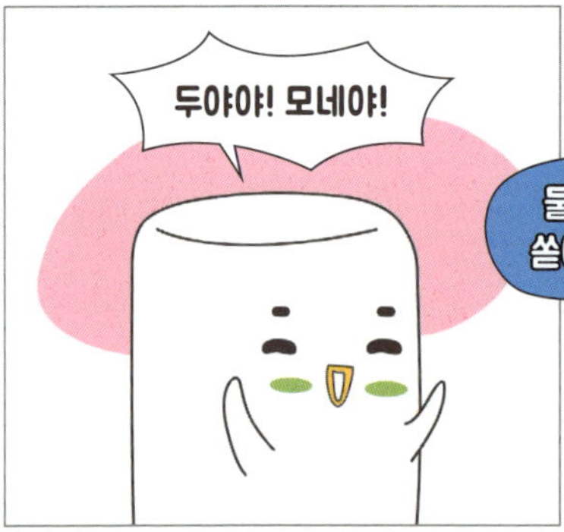

꽁무니를 빼다

엉덩이를 비유하는 '꽁무니'를 뺀다는 것은 슬그머니 피해 물러나거나 달아나는 상황을 표현한 것으로, 어떤 일을 하기에 앞서 너무 긴장하거나 두려워서 겁먹고 그 일을 포기하는 경우에 사용해요.

21 날개가 돋치다
22 누구 코에 붙이겠는가
23 눈 딱 감다
24 눈도 깜짝 안 하다
25 눈독을 들이다
26 눈살을 찌푸리다
27 눈에 밟히다
28 눈에 불을 켜다
29 눈에 차다
30 눈에 흙이 들어가다

31 눈이 트이다
32 눈총을 맞다
33 눈코 뜰 사이 없다
34 능청을 떨다
35 다리를 뻗고 자다
36 담을 지다
37 도마 위에 오르다
38 뒤통수를 맞다
39 뜨거운 맛을 보다
40 뜸을 들이다

ㄴㄷ

깊은 산속 옹달샘, 누가 와서 먹나요~.

날개가 돋치다

날개가 있으면 더 빨리 더 멀리 날 수 있어요. 이런 상황을 비유한 표현으로, 물건이나 상품 등이 빠르게 팔려 나가는 상황에 쓰여요. 또한, 소문이 빠르게 멀리 퍼지거나 돈이나 재물 등이 빨리 불어 큰 액수가 되는 상황에 쓰이기도 해요.

22 누구 코에 붙이겠는가

사람은 많은데 사람 수에 비해 나눌 물건이 턱없이 부족하여 나누어 주어야 할 물건의 양이 너무 적을 때 사용해요.

비슷한 표현 누구 입에 붙이겠는가

눈 딱 감다

'눈'은 많은 의미를 가지고 있는 단어예요. 사물을 보고 판단하는 힘도 많은 의미 중 하나로, 판단하는 눈을 감으면 어떻게 될까요? 더 이상 다른 것을 생각하지 않거나 다른 사람의 잘못이나 허물을 못 본 척하겠다는 의미로 쓰여요.

눈도 깜짝 안 하다

눈은 굉장히 예민한 감각 기관이에요. 작은 위협에도 눈을 보호하기 위해 감게 돼요. 이렇게 예민한 눈을 깜짝 안 한다는 것은 조금도 놀라거나 당황하지 않는다는 의미와 함께 천연덕스럽게 거짓말을 하는 상황을 비유해요.

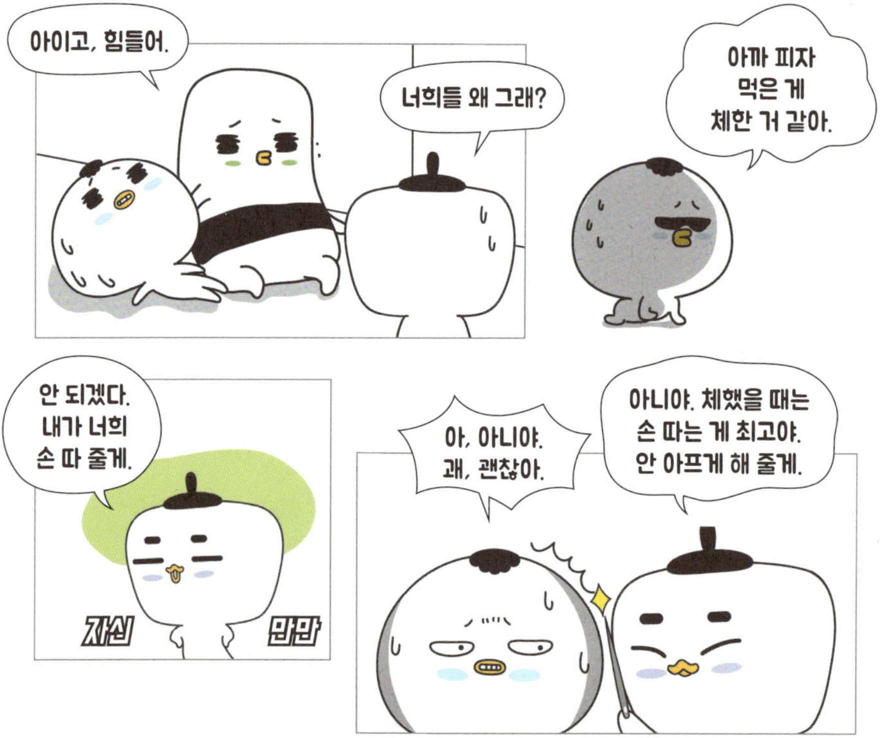

눈독을 들이다

'눈독'은 욕심을 내어 눈여겨보는 기운이라는 사전적 의미를 담고 있어요. 의미 그대로 눈독을 들인다는 것은 욕심을 내어 눈여겨보는 것을 의미해요.

비슷한 표현 눈독이 오르다

26

눈살을 찌푸리다

'눈살'은 두 눈썹 사이에 잡히는 주름이라는 뜻으로 '미간'이라고도 해요. 주로 깊은 걱정을 하거나 화가 날 때 생기는 주름이에요. 이 관용구는 눈썹 사이를 찌푸려 못마땅함을 표현할 때 사용해요.

눈에 밟히다

잊히지 않고 자꾸 떠오르거나 혹은 자꾸 생각이 난다는 의미의 관용구예요. 실제로 보이거나 눈앞에 생생하게 그려지는 생생함이 아니라 마음으로 그리워하고, 안쓰러워하고, 마음이 쓰이는 애틋한 상황에 사용해요.

눈에 불을 켜다

어떤 일을 하기 위해 온 정신을 집중하는 모습을 의미하거나, 몹시 화가 나서 눈을 부릅뜬 모습, 또는 물건이나 일에 욕심을 내는 상황을 이야기할 때 사용해요.

비슷한 표현 눈에 불을 달다

눈에 차다

'차다'는 한자로 표현하면 '찰 만(滿)'이라는 의미로, 눈에 가득하다는 뜻이고, 이는 곧 눈에 가득할 만큼 좋다는 의미를 갖고 있어요. 사람이든 사물이든 어떤 대상이 흡족하게 마음에 들 때 사용하는 표현이에요.

생일 축하합니다!
생일 축하합니다!

찹이야. 생일 축하해.

지우개 예쁘다.

마음에 들어서 다행이야.

잘 쓸게, 고마워.

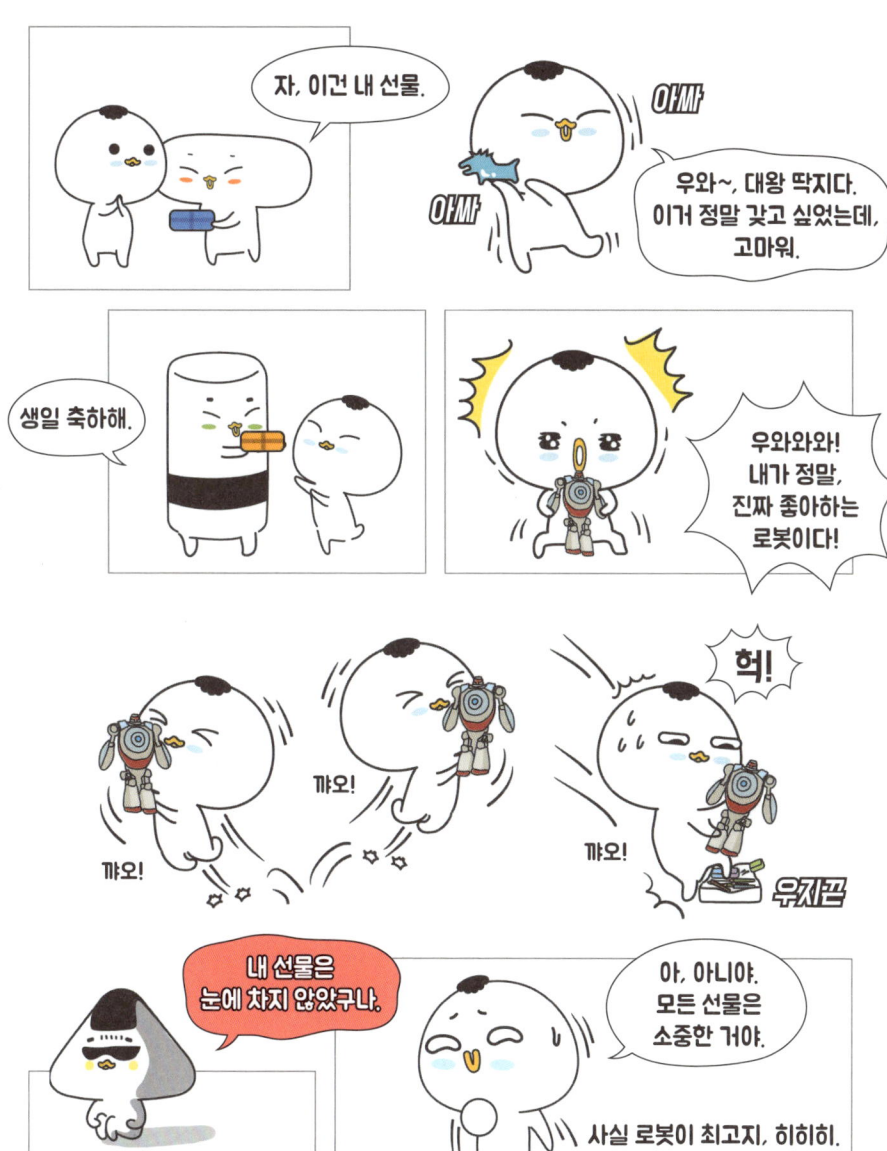

눈에 흙이 들어가다

드라마나 영화 등에서 많이 들어 본 이 관용구는 절대 안 된다는 부정으로, 이 문장 뒤에는 '절대 ~안 된다' 식의 부정적인 문장이 연결돼요. 사람의 눈에 흙이 들어간다는 것은 죽는다는 것으로 죽어도 안 된다는 강한 부정적 표현이에요.

> 으악, 늦었다 늦었어!

> 래야야, 잠깐만!

맛있는 어묵

멈칫

> 래야야, 우리 어묵 하나만 먹자. 응?

> 안 돼, 우리 학원 늦었단 말이야.

단호

31

눈이 트이다

이 관용구는 생각이나 능력이 낮은 수준에서 높은 수준에 이르러 사물이나 현상 등을 올바르게 판단할 줄 알게 되는 상황을 이야기해요. 우리가 보는 눈, 즉 시야가 넓어지는 것과 비슷한 의미로, 넓고 깊게 생각하고 판단한다는 뜻이에요.

32

눈총을 맞다

'눈총'은 눈에 독기를 품고 쏘아보는 시선을 의미해요. 그래서 눈총을 맞는다는 것은 사납고, 미워하고, 원망하는 눈길을 받는다는 것으로, 남의 미움을 받는 것을 의미해요. 어떤 이유에서든 눈총을 받는 일은 없어야겠죠?

여기가 햄버거 맛집이야.

우와, 사람이 많네.

그래도 기다려야지 뭐.

어? 저기 뽀기도 있네.

안녕?

너희 먼저 햄버거 사고 기다려. 같이 먹자.

눈코 뜰 사이 없다

우리의 신체인 '눈과 코'가 아니라 그물의 구멍인 '눈', 매듭인 '코'를 의미해요. '눈코'를 뜨는 것은 그물을 손질하는 것이고, '뜰 사이'는 그물을 바늘로 꿰매는 시간이에요. 이 관용구는 그물을 꿰맬 시간이 없을 만큼 정신없이 바쁘다는 뜻이에요.

능청을 떨다

마음속으로 다른 생각을 하면서 겉으로는 아무렇지 않은 것처럼 행동하는 태도가 '능청'이에요. '떨다'는 어떠한 행동을 가볍게, 혹은 조심성 없게 자꾸 한다는 뜻으로, 어떠한 일을 아무렇지 않은 척 넘기려 할 때 사용해요.

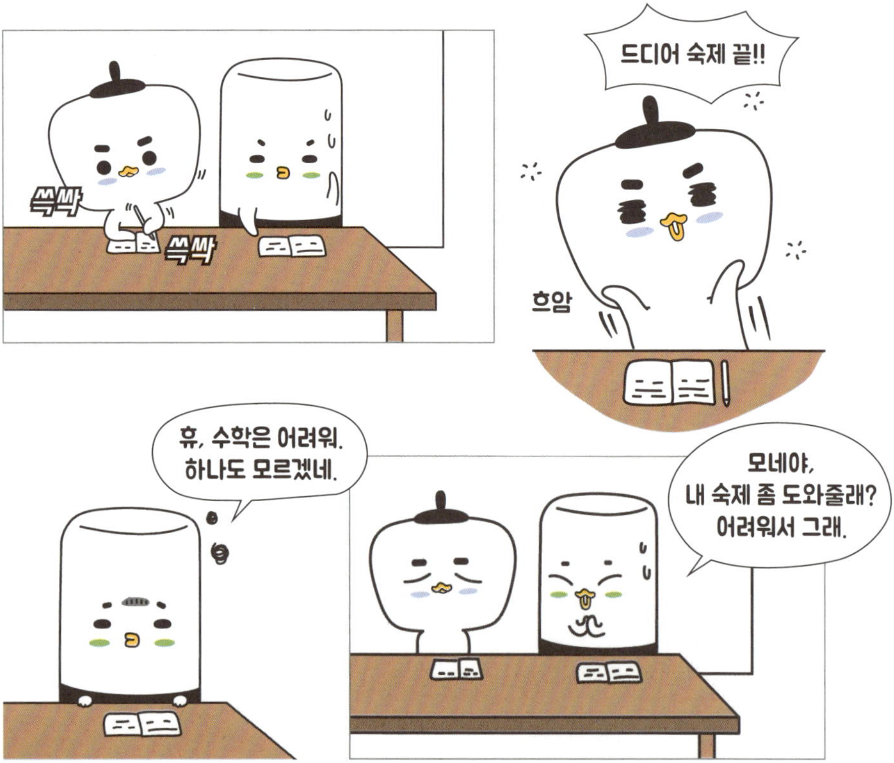

다리를 뻗고 자다

불안하거나 겁이 나서 마음이 불편하면 사람은 무의식적으로 몸을 웅크려요. 그래서 잠을 잘 때도 잔뜩 웅크려 불편한 자세로 자죠. 반대로 마음이 편한 사람은 두 다리를 쭉 펴고 자요. 이처럼 마음 놓고 편히 자는 모습을 비유한 표현이에요.

36

담을 지다

서로 알고 지내던 사이를 끊을 때 사용하는 표현이에요. 사람과 사람 사이에 큰 담이 가로막혀 교감이 끊어지는 것처럼 마음이 끊어졌다는 의미예요. 또한, 어떤 일에 전혀 상관하지 않거나 관심을 두지 않을 때도 사용해요.

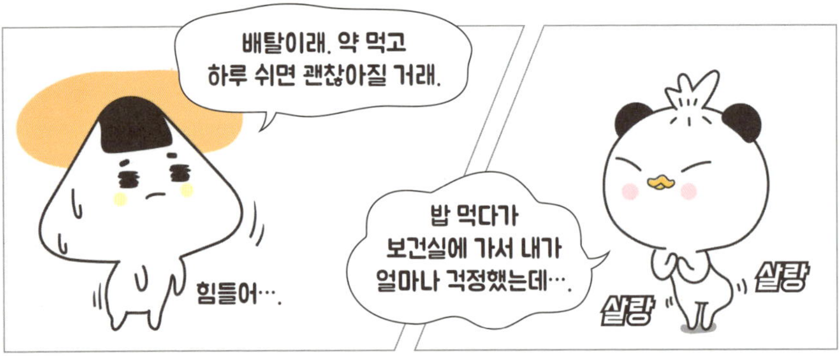

도마 위에 오르다

도마 위에 오른 재료는 요리로 완성돼요. 즉, 도마 위에 오르면 다양한 요리가 되는 것처럼 사람도 도마 위에 오르면 이러쿵저러쿵 많은 말들로 요리가 돼요. 이 말은 사람들 입에 자주 오르내리는 이야깃거리가 된다는 뜻이에요.

뒤통수를 맞다

누군가 앞에서 나를 때리려고 하면 바로 피할 수 있어요. 하지만 뒤통수를 때리면 피할 수가 없어요. 뒤에는 눈이 없어 언제 때리는지, 내 뒤에서 무엇을 하는지 알 수 없잖아요. 그래서 뒤통수를 맞는다는 것은 배신을 당했다는 의미로 사용해요.

뜨거운 맛을 보다

뜨거운 김이 솔솔 나는 음식을 급히 먹으면 입천장을 데여 고통스러워요. 이처럼 뜨거운 맛을 보는 것은 호된 고통이나 어려움을 겪는 것을 의미해요. 또한, 부모님께 단단히 혼이 났을 때도 뜨거운 맛을 봤다고 표현해요.

뜸을 들이다

'뜸'은 음식을 익힐 때 바로 뚜껑을 열지 않고 그대로 두어 속까지 잘 익도록 하는 일이에요. 즉, 기다리는 시간을 말해요. 그래서 뜸을 들인다고 이야기하는 것은 일이나 말을 할 때 쉬거나 여유를 갖기 위해 서둘지 않는 것을 의미해요.

쎄세야, 나 왔어.

그림 그리고 있었구나?

우와, 진짜 잘 그렸다.

응, 심심해서.

헤헷, 고마워.

41 맥이 풀리다	51 발바닥에 불이 나다
42 머리에 서리가 앉다	52 발 벗고 나서다
43 머리털이 곤두서다	53 발을 끊다
44 몸을 던지다	54 배가 등에 붙다
45 무릎을 치다	55 배를 불리다
46 물 만난 고기	56 벼락이 내리다
47 물불을 가리지 않다	57 본전도 못 찾다
48 미역국을 먹다	58 불을 보듯 훤하다
49 밑도 끝도 없다	59 비행기 태우다
50 발목을 잡다	60 빛을 발하다

맵

맥이 풀리다

'맥'은 사람 생명에 가장 중요한 기운으로, 맥을 통해 온몸의 상태를 알 수 있어요. 그래서 한의원에 가면 맥을 보는 거예요. 이렇게 중요한 맥이 풀린다는 것은 기운이나 힘이 없다는 것으로, 긴장이 풀리거나 온몸의 힘이 빠지는 것을 의미해요.

42

머리에 서리가 앉다

밤에 기온이 영하로 떨어질 때 공기 중 수증기가 땅이나 물체 표면에 닿아 살얼음으로 얼어붙은 것이 바로 '서리'예요. 서리가 내리면 하얗게 되잖아요. 이것처럼 나이가 들어 머리가 희끗희끗해진 것을 비유해 머리에 서리가 앉았다고 표현해요.

머리털이 곤두서다

사람이나 동물의 경우, 정서적·정신적으로 강한 자극을 받으면 털이 곤두서요. 그래서 무서워 겁을 먹거나 놀라서 신경이 날카로울 때 쓰는 표현이에요.

비슷한 표현 머리칼이 곤두서다

내가 무서운 이야기해 줄게.

어제 혼자 밤늦게까지 공부를 하고 있었거든.

그런데 갑자기 문이 스르륵 열리는 거야.

무, 무서워.

귀신인가?

거기서 끝이 아니야. 뒤를 돌아보는데, 불이 확 꺼지는 거야.

몸을 던지다

몸을 던지는 것은 내 몸을 떨어지게 하거나 어딘가로 뛰어드는 행동을 말해요. 이 말은 곧 내 온몸을 던질 만큼 혹은 온갖 열정을 다하여 어떤 일에 열중하는 것을 의미해요. 또, 가진 것을 다 바친다는 뜻도 있어요.

뽀기야, 다리 다친 건 괜찮아?

많이 아파?

괜찮아. 얼른 나아야지. 다음 주에 옆 반이랑 축구 시합 있잖아.

그때까지 나을 수 있겠어?

이 다리로 어떻게 나가려고?

꼭 다 나아서 시합에서 뛸 거야. 축구에 이 몸을 던질 거야.

불끈

무릎을 치다

이 관용구는 동작을 표현하고 있어요. 갑자기 어떤 놀라운 사실을 알게 되었거나, 궁금했던 희미한 기억이 되살아났을 때처럼 몹시 기쁠 때 나오는 동작으로, 마치 "아하!" 하는 표현과 같아요. 또, 깨달음을 얻을 때도 사용해요.

물 만난 고기

물고기는 물이 있어야 살아요. 사람한테 잡힌 물고기는 살 수가 없지요. 이 관용구는 잡혔던 물고기가 다시 물을 만난 것처럼, 어려운 상황에 처했다가 어려움을 극복하고 더 크게 능력을 펼치며 활약할 기회를 만났을 때 사용해요.

물불을 가리지 않다

'물불'은 어려움이나 위험을 비유적으로 이르는 말이에요. 그래서 물불을 가리지 않는다는 것은 어려움이나 곤란, 위험을 가리지 않고 하고자 하는 일을 밀어붙이거나 막무가내로 행동한다는 뜻이에요.

미역국을 먹다

미역은 알긴산이라는 성분 때문에 표면이 미끈거려요. 이 때문에 '미역국을 먹다'라는 표현은 시험이나 승진 등에서 미끄러져 떨어지거나 거절당해 퇴짜를 맞았다는 뜻으로 사용해요.

49 밑도 끝도 없다

'밑'은 어떤 일의 기초 또는 처음을 의미해요. 그래서 밑도 끝도 없다는 말은 처음과 끝이 없이, 혹은 앞뒤 어떤 연관 관계가 없이 엉뚱한 말을 불쑥 꺼내 당황스럽거나 갈피를 잡을 수 없을 때 사용해요.

발목을 잡다

어떤 일에 꽉 잡혀 벗어나지 못하거나 하려는 일에 방해받는 상황을 이르는 말로, 다른 사람의 약점을 잡았을 때 사용해요. 반대로 어떤 일에서 벗어나지 못하게 하거나 남에게 내 약점을 잡혔을 때는 발목을 잡혔다고 해요.

발바닥에 불이 나다

얼마나 재빠르게 이리저리 다니면 발바닥에 불이 나겠어요. 이러한 것을 비유한 발바닥에 불이 난다는 표현은 부지런히, 재빠르게 여기저기 돌아다니거나 몹시 분주하게 돌아다니는 모습을 비유적으로 표현한 말이에요.

52

발 벗고 나서다

남이 하기 전에 어떤 일을 나서서 하거나 몸을 사리지 않고 일을 할 때, 혹은 내 일은 아니지만 마치 내 일처럼 적극적으로 나서서 할 때 발 벗고 나선다고 해요.

비슷한 표현 맨발 벗고 나서다

53. 발을 끊다

'끊다'는 '그만두다'라는 의미로, 진행하던 어떤 일을 그만두거나, 자주 가던 어떤 장소에 가는 것을 그만두거나, 자주 만나던 사람과의 관계를 끊는다는 뜻으로 사용해요.

비슷한 표현 발그림자도 끊다

배가 등에 붙다

배가 고프면 배가 홀쭉해지잖아요. 그런데 얼마나 못 먹었으면 뱃살이 등에 맞닿을 정도겠어요. 이처럼 먹을 것이 없어 몹시 허기지고 굶주린 상태를 의미해요.

비슷한 표현 뱃가죽이 등에 붙다

배를 불리다

음식을 먹으면 배가 부르잖아요. 그런데 음식이 아니라 재물 등으로 내 배를 불리면 어떻게 될까요? 이 관용구는 재물이나 이득을 많이 얻어 사리사욕을 채운다는 뜻으로, 주로 올바르지 않은 수단과 방법으로 욕심을 부린다는 의미로 사용해요.

벼락이 내리다

'벼락'은 하늘에서 치는 벼락 외에도 몹시 심한 꾸지람이나 나무람을 비유하거나 갑자기 생긴 사고 등을 의미해요. 그래서 갑작스럽게 큰 사건·사고가 생기거나 몹시 무서운 꾸지람을 들었을 때 벼락이 내린다고 표현해요.

본전도 못 찾다

원래 갖고 있던 돈을 '본전'이라고 해요. 저금을 하거나 장사를 하면 본전에 이자나 수익을 더해 큰돈을 만들 수 있어요. 반대로 본전도 못 찾는다는 것은 어떤 행동의 결과가 좋기는커녕 오히려 안 한 것만도 못하다는 뜻으로, 손해를 봤다는 뜻이에요.

불을 보듯 훤하다

이 관용구는 의심할 여지없이 앞으로 일어날 일이 아주 명백한 상황을 표현한 말이에요. 결과를 보지 않고도 충분히 결과를 예상할 수 있다는 뜻이에요.

비슷한 표현 불을 보듯 뻔하다

비행기 태우다

지나치게 칭찬하거나 잘한다고 추켜세울 때 우리는 흔히 비행기 태운다고 해요. 사실 비행기를 타고 하늘을 날면 기분이 좋잖아요. 좋은 말로 상대를 높이 추켜세우며 다소 과장되게 칭찬할 때 사용해요.

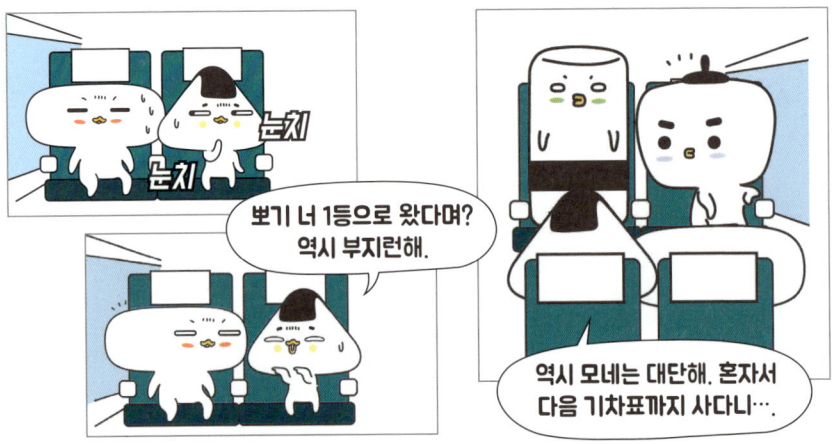

빛을 발하다

능력이나 진가가 드러난다는 관용구예요. 희망이나 영광, 명예 등을 의미하는 '빛'을 넣어 자신의 능력을 인정받고, 업적이나 보람 등이 드러나는 것을 의미해요.

비슷한 표현 빛을 보다

61 성에 차다	71 애가 마르다
62 세상을 떠나다	72 어깨가 무겁다
63 속이 타다	73 어깨를 겨루다
64 손사래를 치다	74 얼굴이 두껍다
65 손에 익다	75 열을 올리다
66 손을 떼다	76 오금이 저리다
67 손을 벌리다	77 입만 살다
68 손을 씻다	78 입만 아프다
69 손이 맵다	79 입에 달고 다니다
70 숨 돌릴 사이도 없이	80 입이 딱 벌어지다

ㅅㅇ

성에 차다

바라는 바가 내 뜻대로 이루어져 마음이 흡족하고 편한 상태를 뜻하는 관용구예요. 어떤 일을 하거나, 또는 하고 난 후 결과가 마음에 들었을 때 사용해요.

비슷한 표현 직성이 풀리다

세상을 떠나다

'세상'은 사람이 사는 모든 사회를 통틀어 이르는 말로, 태어나서 죽을 때까지의 삶을 의미해요. 그래서 세상을 떠난다는 것은 죽음을 표현한 말이에요.

비슷한 표현 세상을 등지다, 세상(을) 버리다, 세상을 하직하다

속이 타다

걱정이 되어 마음이 답답하거나 마음이 쓰여 안절부절못할 때 우리는 속이 탄다고 해요. 사람이 품고 있는 마음이나 생각을 의미하는 '속이 탈 정도면 얼마나 전전긍긍하며 걱정하고 궁금하고 답답하겠어요.

64

손사래를 치다

이 관용구는 행동을 표현한 것으로 어떤 말이나 사실을 부인할 때 손을 펴서 휘젓는 행동을 의미해요. 그래서 손사래를 친다는 것은 어떤 말이나 부탁 등을 거절하거나 인정하지 않고 부인한다는 뜻이에요.

손에 익다

손으로 하는 일에 익숙해진다는 뜻의 관용구로, 익숙지 못해 서투르던 일이 점차 익숙해졌을 때 사용해요.

비슷한 표현 손에 오르다

66

손을 떼다

어떤 것에서 마음이 돌아선다는 의미의 '떼다'를 넣어 손을 뗀다는 것은 곧 하던 일을 그만두거나 하던 일을 끝마치고 다시 손대지 않는다는 뜻이에요. 또, 관계를 끊는다는 의미도 있고, 포기한다는 뜻도 있어요.

67

손을 벌리다

물건이나 돈처럼 금전적인 도움을 청할 때 우리는 손을 벌린다고 표현해요. 이처럼 무엇을 달라고 요구하거나 구걸한다는 뜻으로 쓰여요.

비슷한 표현 손을 내밀다

책 읽는 건 너무 재미있어!

"흥부와 놀부" 알지?

그게 뭐야?

가난한 흥부가 부자 형인 놀부한테 자주 쌀을 빌리러 갔대.

그런데 욕심 많고 고약한 놀부는 먹을 걸 주기는커녕 동생을 그냥 쫓아내기 일쑤였대.

손을 씻다

나쁜 일이나 찜찜한 일을 그만두고 그것과의 관계를 끊는다는 뜻으로, 나쁜 행동이나 바람직하지 않은 일을 그만두고 성실하게 살겠다는 의미예요. 주로 나쁜 짓을 한 사람들이 나쁜 것과 관계를 끊고 바르게 살겠다면서 사용해요.

학교 뒤뜰

토끼들은 잘 있을까?

저기 있다!

어? 토끼가 많이 아픈가 봐?

비실비실

왜 그러지? 어제 내가 귀엽다고 만지며 귀찮게 해서 그런가?

시름시름

또 귀엽다고 괴롭혔어?

불끈

손이 맵다

손의 힘이 세서 살살 때려도 맞는 사람은 몹시 아프다는 뜻의 관용구예요. 이외에도 일하는 것이 빈틈없이 야무지다는 뜻으로도 사용해요.

비슷한 표현 손끝이 맵다, 손때가 맵다

숨 돌릴 사이도 없이

숨을 돌린다는 것은 가쁜 숨을 가라앉히거나 잠시 여유를 얻어 휴식을 취하는 것을 의미해요. 그런데 숨 돌릴 사이가 없을 정도면 얼마나 바쁘겠어요. 가쁜 숨을 가라앉힐 여유가 없을만큼 정신없이 바쁜 것을 의미해요.

71

애가 마르다

원래 '애'는 우리의 신체 장기 중 창자나 쓸개 정도를 이르는 말이었지만, 요즘에는 초조한 마음, 또는 몹시 수고로움을 의미해요. 그래서 애가 마르다는 것은 몹시 안타깝고 속상하거나 너무 초조해 안절부절못하는 것을 의미해요.

72

어깨가 무겁다

학급이나 학교 회장을 맡거나 혹은 친구들과 선생님의 큰 기대를 받으며 대회에 참가할 때 흔히 어깨가 무겁다고 해요. 여기서 어깨는 신체 부위가 아니라 무거운 책임으로 인해 마음에 부담이 크다는 표현이에요.

어깨를 겨루다

서로 비슷한 지위나 힘을 가졌거나 대등한 위치에서 실력을 겨루는 것을 어깨를 겨룬다고 해요. 실력이나 수준, 능력 등이 비슷하다는 의미지요.

비슷한 표현 어깨를 겨누다, 어깨를 견주다

얼굴이 두껍다

우리는 흔히 염치도 모르고, 부끄러움도 모르는 뻔뻔한 사람한테 얼굴이 두껍다고 해요. 이는 창피함을 모른 채 남에게 민폐를 끼치는 상황에 사용해요.

비슷한 표현 얼굴 가죽이 두껍다, 낯가죽이 두껍다, 낯이 두껍다

열을 올리다

'열'은 뜨거운 기운 외에도 열성, 열의 또는 격분하거나 흥분한 상태라는 의미가 있어요. 여기에 올리다는 의미를 더해 흥분하여 성을 내다, 무엇에 열중하거나 열성을 보이다, 어떤 일에 기세를 높인다는 뜻으로 사용해요.

오금이 저리다

긴장되거나 떨릴 때 오금이 저리다고 하잖아요. '오금'은 무릎 뒤쪽의 오목한 부분이에요. 저지른 잘못이 들통나거나 그로 인해 나쁜 결과가 있지 않을까 마음을 졸일 때, 무섭거나 긴장되는 상황에서 많이 쓰는 표현이에요.

입만 살다

'입'에는 사람이 하는 말이라는 뜻이 있어요. 이 관용구는 말에 따른 행동은 없으면서 말만 그럴듯하게 잘한다는 뜻이에요. 모든 일에는 반드시 행동이 있어야 해요. 또한, 격에 맞지 않게 음식을 가려 먹는다는 뜻도 있어요.

입만 아프다

좋은 의도로 여러 번 말해도 상대방이 받아들이지 않아 기껏 신경 써서 말한 보람이 없을 때 입만 아프다고 하잖아요. 이는 곧 아무리 말을 해도 통하지 않아서 더 이상 말하기 싫다는 의미예요. 어떤 이야기든 귀 기울여 듣는 습관이 중요해요.

입에 달고 다니다

말이나 이야기 등을 습관처럼 되풀이하거나 자주 사용할 때, 또는 먹을 것을 쉴 새 없이 입에서 떼지 않는 상황을 두고 우리는 입에 달고 다닌다고 해요. 입에서 떨어지거나 끊이지 않는다는 의미로, 언어 습관이나 음식 습관 등을 이야기해요.

입이 딱 벌어지다

깜짝 놀라 소리를 "악!" 지르거나 매우 기뻐 "와~." 하며 감탄을 할 때 우리는 자동적으로 입이 벌어져요. 그래서 입이 딱 벌어진다는 것은 매우 놀라거나 매우 기뻐하며 좋아한다는 뜻이에요.

81	자취를 감추다	91	콧대가 높다
82	정신이 빠지다	92	콧등이 시큰하다
83	종종걸음을 놓다	93	트집을 잡다
84	줄행랑을 놓다	94	파김치가 되다
85	찬물을 끼얹다	95	파리를 날리다
86	척하면 삼천리	96	풀이 죽다
87	첫걸음마를 떼다	97	하늘이 노랗다
88	침이 마르다	98	한술 더 뜨다
89	코가 납작해지다	99	한 치 앞을 못 보다
90	코웃음을 치다	100	혀를 내두르다

ㅈㅊㅋㅍㅎ

81

자취를 감추다

'자취'는 어떤 것이 남긴 표시나 자리를 의미해요. 그래서 자취를 감춘다는 것은 다른 사람들 모르게 몰래 어디로 가거나 혹은 어떤 사물이나 현상 따위가 없어지거나 바뀐 것을 말해요.

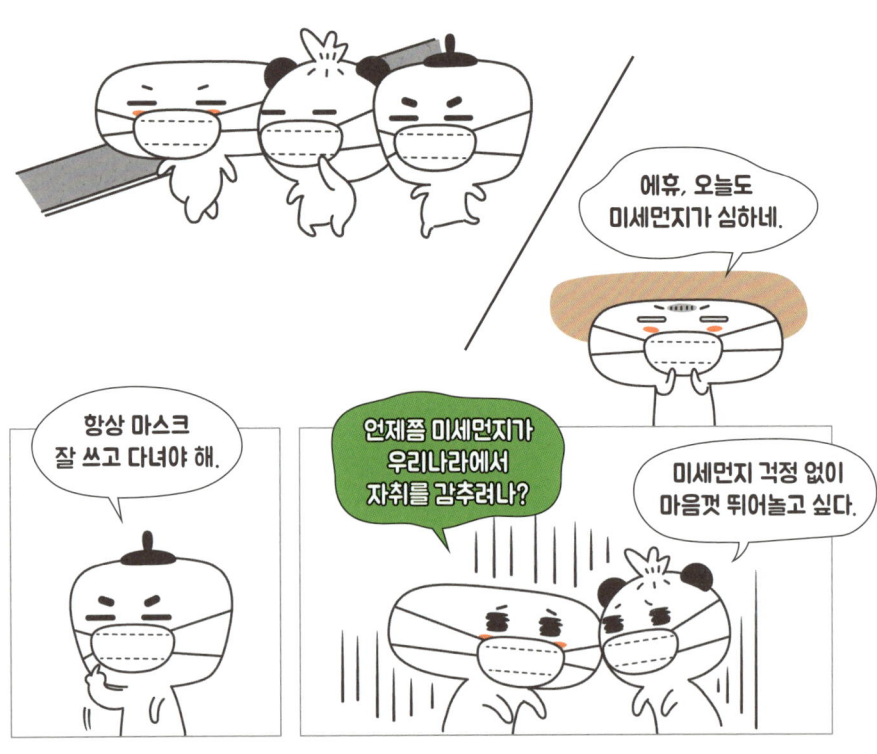

정신이 빠지다

'정신'은 사람의 마음이나 영혼을 의미해요. 바르지 못하고 비정상적으로 생각하거나 행동할 때, 얼떨떨하여 무엇을 알아차리거나 기억하지 못할 때 정신이 빠진다고 말해요. 이 외에도 어떤 일에 몰두하여 다른 일을 잊어버린다는 뜻도 있어요.

종종걸음을 놓다

발을 가까이 자주 떼며 급히 걷는 걸음인 '종종걸음'은 '동동걸음'이라고도 해요. 그럼 언제 종종걸음을 걸을까요? 맞아요. 바쁠 때예요. 이처럼 아주 바쁠 때 빠르게 움직이는 상황을 보며 종종걸음을 놓는다고 표현해요.

줄행랑을 놓다

'줄행랑'은 옛날 양반집 대문 좌우에 줄처럼 길게 이어져 있는 행랑채를 의미해요. 하지만 원래 의미와는 다르게 도망간다는 의미를 담고 있어요. 길게 행랑을 치듯 빠르게 달리는 것에 비유해, 낌새를 채고 피해 달아난다는 뜻으로 사용해요.

찬물을 끼얹다

분위기를 깬다는 의미로 사용되는 관용구예요. 잘되어 가고 있는 일에 뛰어들어 분위기를 흐리거나 공연히 트집을 잡아 분위기를 어색하게 만들 때 자주 사용하는 표현이에요.

척하면 삼천리

우리나라를 의미하는 '삼천리'에 금방, 곧바로의 뜻을 가진 '척'이 붙은 관용구로 무슨 일을 할 때 일을 훤히 꿰뚫고 있다는 뜻이에요. 또, 눈치가 빨라 상대편의 의도나 돌아가는 상황을 재빠르게 알아차린다는 뜻도 있어요.

첫걸음마를 떼다

'첫걸음마'는 처음으로 내딛는 걸음마고, '떼다'는 시작의 의미를 나타내는 말이에요. 이는 곧 어떤 일이나 사업, 공부 등을 처음 시작한다는 표현이에요.

비슷한 표현 첫걸음마를 타다

침이 마르다

입속에 있는 침이 마를 정도면 얼마나 말을 많이 했을까요? 이처럼 다른 사람이나 물건, 상황 등에 대해 거듭해서 끊임없이 말한다는 뜻이에요.

비슷한 표현 입이 닳다, 입이 마르다, 혀가 닳다

코가 납작해지다

얼굴 중앙에 높게 솟은 코는 기운과 비유되어 기가 살아 우쭐할 때는 '코가 솟다', 기가 죽을 때는 '코가 빠지다'처럼 사용해요. 코가 납작해지다도 몹시 무안을 당하거나 기가 죽어 위신이 뚝 떨어졌다는 뜻으로 사용해요.

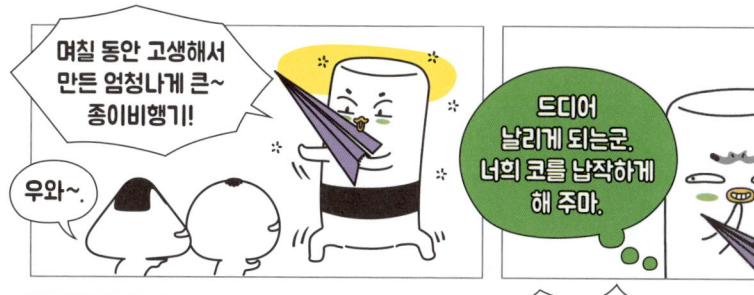

코웃음을 치다

입으로 소리 내서 웃는 것이 아니라 콧소리를 내거나 코끝으로 가볍게 웃는 '코웃음'은 비난이 섞인 웃음이에요. 주로 다른 사람을 우습게 여겨 무시할 때 나오는 행동이죠. 그래서 이 관용구는 남을 깔보고 비웃는 상황에서 사용해요.

콧대가 높다

얼굴 한가운데 있는 코는 사람의 자존심이나 자만심을 의미해요. '콧대'는 콧등을 이루는 우뚝한 줄기로, 우쭐하고 거만한 태도를 비유한 표현이에요. 그래서 콧대가 높다는 것은 잘난 체하고 뽐내며 도도하게 구는 태도를 의미해요.

어제 뽀기랑 래야가 심하게 싸웠대.

또?

하여튼 맨날 싸운다니까.

이번엔 뭐 때문에 싸웠대?

지겨워

숙제하다가 싸웠대. 분명 별거 아닌 거로 싸웠을 거야.

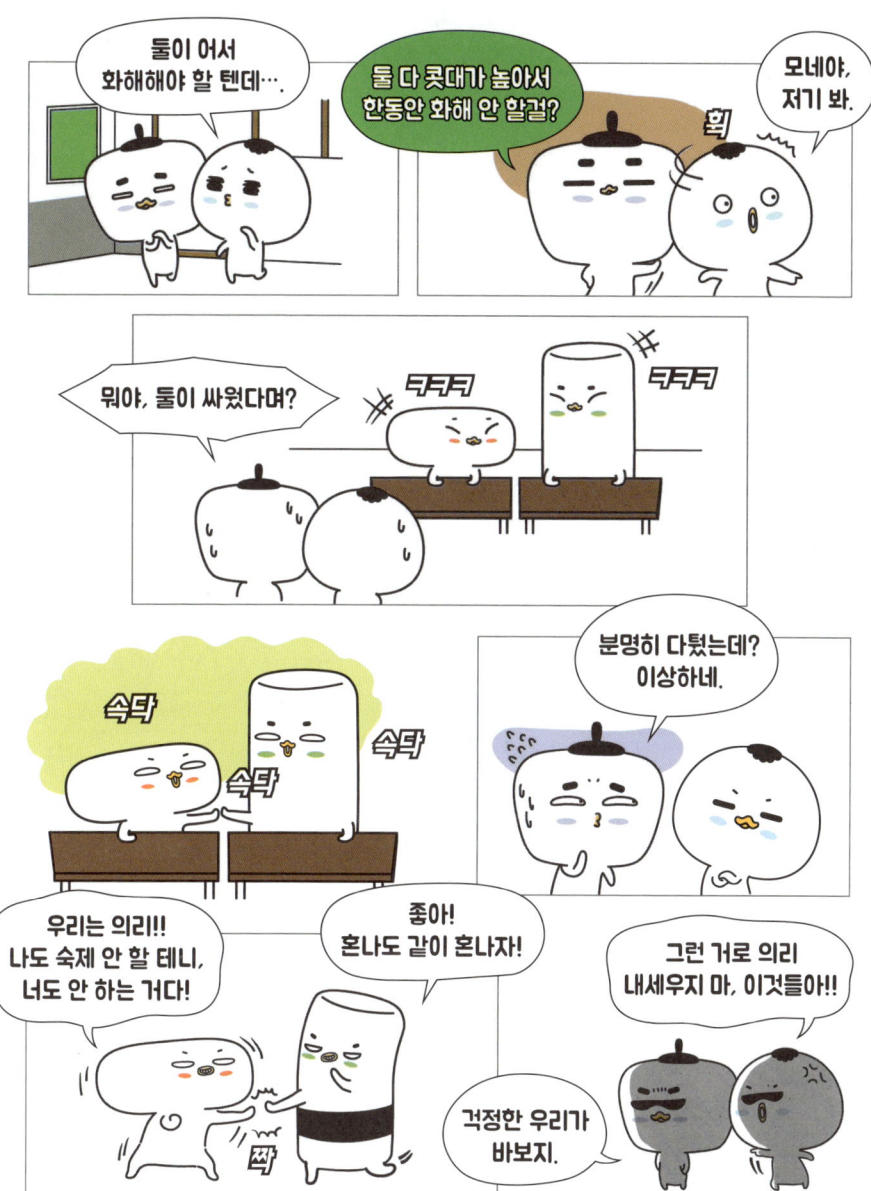

콧등이 시큰하다

슬퍼서 눈물이 나려고 할 때 코가 빨개지면서 찡해지잖아요. 이처럼 어떤 일이나 상황에 감동을 받거나 감격스러울 때, 상황이 슬퍼서 눈물이 핑 나려고 할 때 코가 찡하다고 표현해요.

트집을 잡다

'트집'은 벌어진 틈을 잡는다는 의미로, 조그만 흠집을 들추거나 없는 흠집을 만들 때 트집을 잡는다고 해요. 갓을 쓰던 옛날, 갓을 수선하는 사람들이 갓의 벌어진 틈인 트집을 많이 잡아 수선비를 비싸게 받아 불만이 생긴 것에서 유래되었어요.

94

파김치가 되다

파로 담근 파김치는 줄기가 빳빳한 파와 달리 기운이 꺾여 지친 것처럼 보여요. 이런 파김치처럼 기운이 빠져 몹시 지쳤다는 뜻으로 사용해요.

비슷한 표현 녹초가 되다, 진이 빠지다

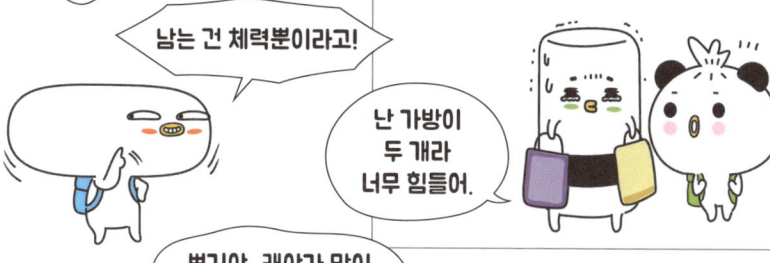

파리를 날리다

파리는 음식 등 움직임이 없는 곳에 올라앉잖아요. 얼마나 오가는 사람이 없으면 파리가 이리저리 마구 날린다고 할까요? 이 관용구는 장사나 사업 등이 잘 되지 않아 파리나 쫓고 있다는 뜻으로 무료하거나 손님이 없다는 뜻으로 사용해요.

흐잉, 1시간째 하나도 못 팔았어.

이러다 하루 종일 파리 날리게 생겼어.

손님아, 와라!

96

풀이 죽다

풀기가 빠져 빳빳하지 않다는 의미로, 더위나 추위가 절정을 지나거나 요란스런 활동이 멈췄을 때, 기세나 기운이 크게 올랐다가 수그러들었을 때 사용하는 표현이에요.

비슷한 표현 한풀 꺾이다

97

하늘이 노랗다

스트레스를 받거나 피로하면 혈관이 좁아져 눈앞이 노랗게 보인다고 해요. 그래서 큰 충격으로 정신이 아찔하거나 기력이 쇠할 때 하늘이 노랗다고 하는 거예요.

비슷한 표현 하늘이 캄캄하다

한술 더 뜨다

어느 정도 잘못되어 있는 일, 혹은 이미 진행되고 있는 일에 대해 한 단계 더 나아가 엉뚱한 짓을 할 때 한술 더 뜬다고 부정적으로 표현해요. 또, 남이 생각하는 것을 미리 헤아려 대처할 계획을 세운다는 의미도 있어요.

99
한 치 앞을 못 보다

'치'는 길이의 단위로, 대략 3.03㎝ 정도예요. 이 짧은 거리의 앞도 못 본다는 것은 눈앞에 가까이 있는 것도 보지 못한다는 뜻이에요. 또, 식견이 얕다는 뜻으로 사용하기도 해요.

혀를 내두르다

'내두르다'는 이리저리 흔든다는 뜻으로, 원래는 혀를 동그랗게 마는 것을 의미했어요. 혀가 말리면 말을 할 수 없잖아요. 그래서 말을 할 수 없을 정도로 매우 놀라거나 감탄했을 때나 혹은 어이가 없을 때 사용해요.

4판 7쇄 2025년 8월 19일
초판 1쇄 2018년 7월 20일

글·그림 한날

펴낸이 정태선
펴낸곳 파란정원
출판등록 제395-2010-000070호
주소 서울특별시 은평구 가좌로 175, 5층
전화 02-6925-1628 | **팩스** 02-723-1629
제조국 대한민국 | **사용연령** 8세 이상 어린이
홈페이지 www.bluegarden.kr | **전자우편** eatingbooks@naver.com
종이 다올페이퍼 | **인쇄** 조일문화인쇄사 | **제본** 경문제책사

글·그림ⓒ2018 한날
ISBN 979-11-5868-148-7 73710

이 책은 저작권법에 따라 보호받는 저작물이므로 무단 전재와 무단 복제를 금지하며,
이 책 내용의 전부 또는 일부를 이용하려면 반드시 저작권자와 파란정원(자매사 책먹는아이·새를기다리는숲)의 동의를 얻어야 합니다.
*잘못된 책은 구입하신 서점에서 바꿔 드립니다.